HAL LEONARD MÉTODO PARA GUITARRA. LIBRO 1

Segunda Edición

POR WILL SCHMID Y GREG KOCH

Tranducido por Javier Benéitez Moreno

ISBN 978-0-634-08878-0

Visit Hal Leonard Online at
www.halleonard.com

Contact us:
Hal Leonard
7777 West Bluemound Road
Milwaukee, WI 53213
Email: info@halleonard.com

In Europe, contact:
Hal Leonard Europe Limited
42 Wigmore Street
Marylebone, London, W1U 2RN
Email: info@halleonardeurope.com

In Australia, contact:
Hal Leonard Australia Pty. Ltd.
4 Lentara Court
Cheltenham, Victoria, 3192 Australia
Email: info@halleonard.com.au

TU GUITARRA

Este libro está diseñado para ser utilizado con cualquier tipo de guitarra—acústica, clásica o eléctrica. Cualquiera de estas gutar-ras se puede adaptar y utilizarse en una gran cantidad de estilos musicales.

ACÚSTICA

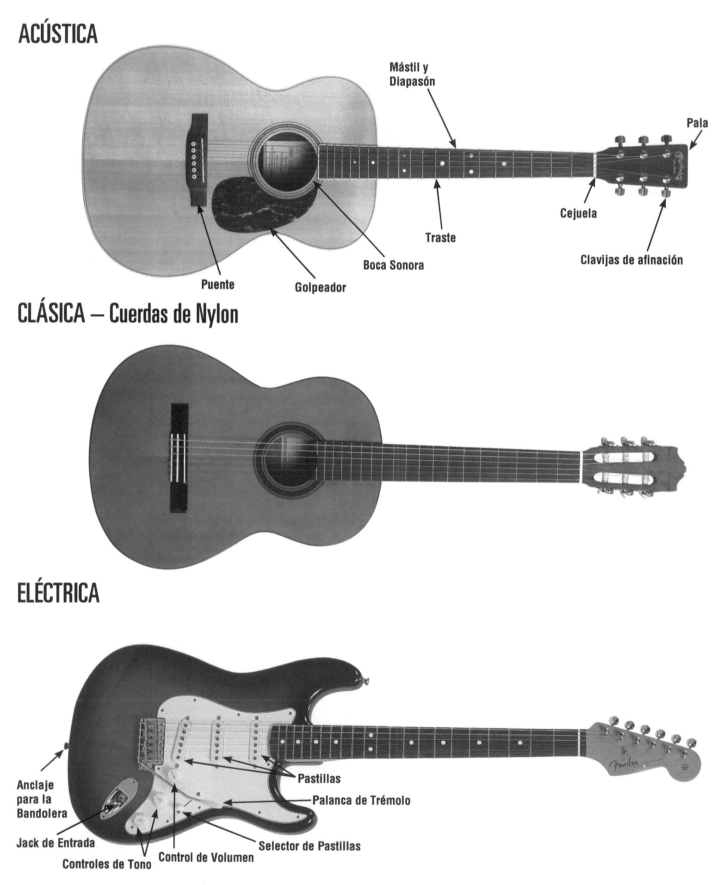

Mástil y Diapasón

Pala

Cejuela

Traste

Boca Sonora

Clavijas de afinación

Puente

Golpeador

CLÁSICA — Cuerdas de Nylon

ELÉCTRICA

Pastillas

Palanca de Trémolo

Anclaje para la Bandolera

Jack de Entrada

Selector de Pastillas

Controles de Tono   Control de Volumen

Si estás usando una guitarra eléctrica o una electro-acústica tendrás que practicar con un amplificador una parte del tiempo.

AFINACIÓN

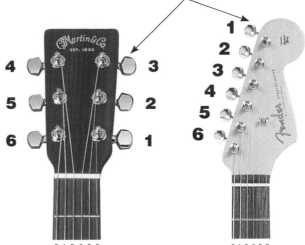

Clavijas de Afinación

Cuando estés afinando tu guitarra, ajustarás la altura (cuan agudo o grave es el sonido) de cada cuerda girando la correspondiente clavija de afinación. Apretando la cuerda se elevará su altura y aflojándola descenderá. Las cuerdas están numeradas del 1 al 6 empezando por la más fina, la más cercana a tu rodilla. Siga las instrucciones a continuación para afine cada cuerda en secuencia, comenzando con la sexta cuerda.

AFINANDO CON UN AFINADOR ELECTRÓNICO

Un afinador electrónico "lee" la altura de un sonido y te dice si es correcto o no. Hasta que tu oído esté bien entrenado, ésta puede ser una forma mucho más precisa de afinar. Hay muchos tipos de afinadores disponibles, y cada uno vendrá con instrucciones más detalladas para su uso.

AFINANDO CON UN TECLADO

Si tienes un piano o un teclado eléctrico cerca, pulsa la tecla correcta (mira el diagrama) y lentamente gira la correspondiente clavija de afinación hasta que el sonido de la cuerda corresponda con el sonido del teclado.

OTRA FORMA DE AFINAR

Para comprobar o corregir tu afinación cuando no haya ninguna fuente de sonido disponible, sigue estos pasos:
- Vamos a suponer que la sexta cuerda esta correctamente afinada en E (Mi).
- Pulsa la sexta cuerda en el quinto traste. …Éste es el tono de A (La) con el que afinarás la quinta cuerda al aire.
  Pulsa la sexta cuerda presionada y la quinta cuerda con tu pulgar. Cuando los dos sonidos coincidan, estará afinado.
- Pulsa la quinta cuerda en el quinto traste y afina la cuarta cuerda al aire con esta nota. Sigue el mismo procedimiento que con la quinta y la sexta cuerda.
- Pulsa la cuarta cuerda en el quinto traste y afina la tercera cuerda al aire con esta nota.
- Para afinar la segunda cuerda, pulsa la tercera cuerda en el cuarto traste y afina la segunda cuerda al aire con esta nota.
- Pulsa la segunda cuerda en el quinto traste y afina la primera cuerda al aire con esta nota.

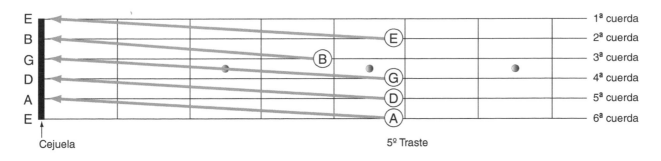

Esto se llama **afinación relativa** porque las cuerdas están afinadas una con relación a otra.

POSTURA PARA TOCAR

Hay varias maneras de coger la guitarra cómodamente. A la izquierda vemos la típica posición sentada y a la derecha de pie. Tienes que practicar tanto sentado como de pie. Observa las siguientes indicaciones para corregir tu postura a la hora de tocar:

- Coloca tu cuerpo, brazos y piernas de tal modo que evites estar en tensión.

- Si notas que la tensión afecta a tu forma de tocar, probablemente necesitarás revisar tu posición.

- Inclina el mástil hacia arriba-nunca hacia abajo.

- Mantén el cuerpo de la guitarra lo más vertical posible. Evita inclinar la parte superior de la guitarra para que puedas ver mejor. Distribuye tu peso entre derecha e izquierda. Siéntate recto (pero no rígido).

Los dedos de la mano izquierda están numerados del 1 al 4. (Para pianistas: Fíjate que el pulgar no es el numero 1). Coloca el pulgar en la parte de atrás del mástil aproximadamente en frente del segundo dedo. Evita agarrar el mástil como un bate de béisbol con la palma de la mano tocando la parte de atrás del mástil.

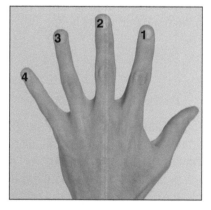

Estas fotos muestran la forma de coger la púa, y la posición de la mano derecha con respecto a las cuerdas. Esfuérzate en conseguir eficacia con los dedos y relajación al tocar.

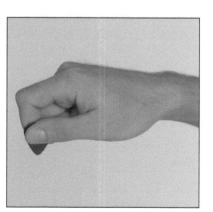

SÍMBOLOS MUSICALES

La música se escribe con **notas** en un **pentagrama**. El pentagrama tiene cinco líneas y cuatro espacios. El espacio donde se escribe una nota en el pentagrama determina la **altura** (grave o aguda). Al principio del pentagrama hay un **signo de clave**. La música de guitarra está escrita en clave de sol.

Cada línea y espacio del pentagrama se nombran con una letra. Las **líneas** son, (de abajo a arriba) E-G-B-D-F, que puedes recordar como Every Guitarist Begins Doing Fine. Los **espacios** son, (de abajo a arriba) F-A-C-E, que se deletrea "Face".

El pentagrama está dividido en varias partes por líneas verticales. El espacio entre dos líneas verticales se llama **compás**. Al finalizar una pieza de música se pone una doble barra en el pentagrama.

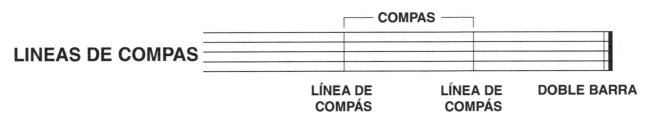

Cada compás contiene un grupo de **tiempos** o "beats". Los tiempos o "Beats" son el pulso firme de la música. Tú respondes al pulso o al tiempo llevando el ritmo con el pie.

Los dos números situados al lado de la clave de sol son el tiempo del compás o signatura. El número de arriba te indica cuántos tiempos hay en un compás.

CUATRO TIEMPOS POR COMPÁS. UNA NEGRA (♩) EQUIVALE A UN TIEMPO.

El número de abajo te indica qué tipo de nota corresponde a un tiempo.

Las **figuras** te indican la duración (numero de tiempos) de un sonido.

FIGURAS   REDONDA = 4 tiempos   BLANCA = 2 tiempos   NEGRA = 1 tiempo

Los diferentes tipos de figuras situados en varias líneas o espacios, te permitirá saber la altura y el tiempo que dura un determinado sonido.

NOTAS EN LA PRIMERA CUERDA

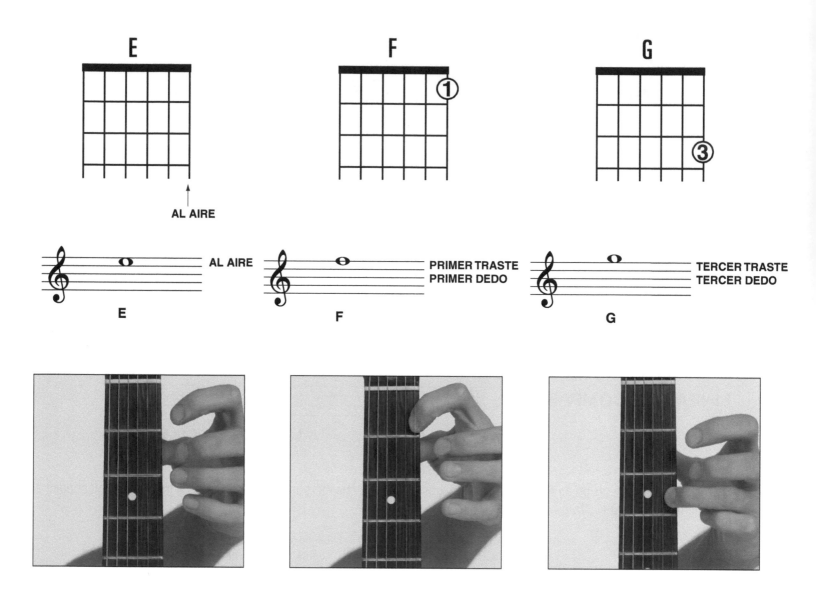

Este signo (⊓) te indica que ataques la cuerda con un movimiento descendente de púa.

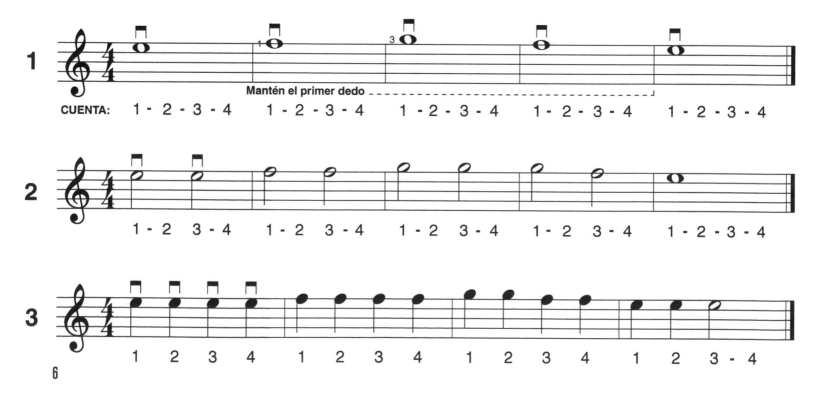

Al principio practica los ejercicios lentamente y con medida. Cuando puedas tocarlos correctamente a una velocidad lenta, incrementa gradualmente el tempo (velocidad).

Toca las cuerdas solo con las yemas de los dedos.

Mantén los dedos de la mano izquierda arqueados sobre las cuerdas.

Algunas canciones ocupan más de una línea. Cuando llegues al final de la primera línea de música, continúa en la segunda sin parar. Las letras grises encima del pentagrama indican los acordes para que toque tu profesor. El número de compases se da al principio de cada nueva línea de música.

CANCIÓN ESPAÑOLA

NOTAS EN LA SEGUNDA CUERDA

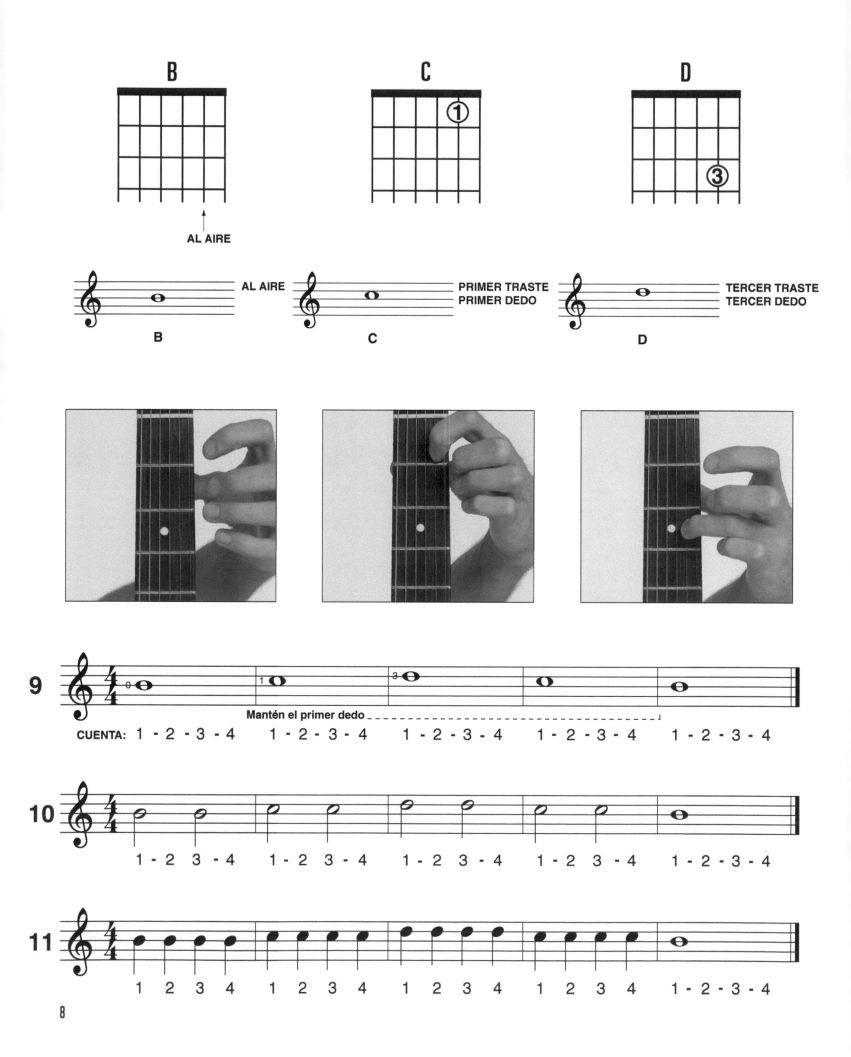

Al principio practica los ejercicios firme y lentamente. Cuando puedas tocarlos correctamente a una tempo lento, incrementa gradualmente la velocidad. Si alguna de las notas suena distorsionada o sucia, mueve suavemente tu dedo de la mano izquierda hasta que consigas un sonido limpio.

DE UNA CUERDA A OTRA

Has aprendido 6 notas por ahora, tres en la primera cuerda y tres en la segunda. En los siguientes ejercicios pasarás de una cuerda a otra. Mientras estás tocando una nota, ve mirando la siguiente y pon tus dedos en posición.

EL RITMO DEL MUNDO

Practica estas canciones tocándo en la primera y en la segunda cuerda. Comienza siempre lentamente y ve incrementando el tempo gradualmente. Los nombres de los acordes en color gris se usan a lo largo del libro para indicar que acordes debe tocar el profesor.

ODA A LA ALEGRIA

Beethoven

BLUES

NOTAS EN LA TERCERA CUERDA

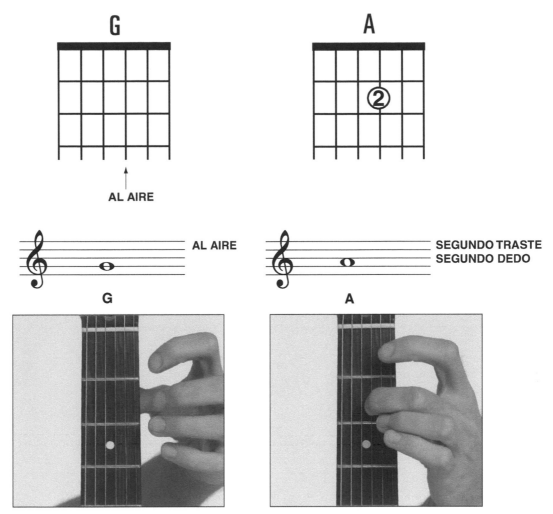

G

A

AL AIRE

AL AIRE

SEGUNDO TRASTE
SEGUNDO DEDO

G

A

Mantén los dedos arqueados por encima de las cuerdas en todo momento, así estarán en posición para pulsar la siguiente nota.

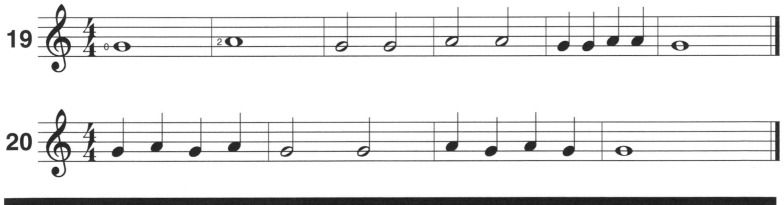

19

20

REPASO DE LA TERCERA CUERDA

Aquí están las notas que hemos visto hasta ahora.

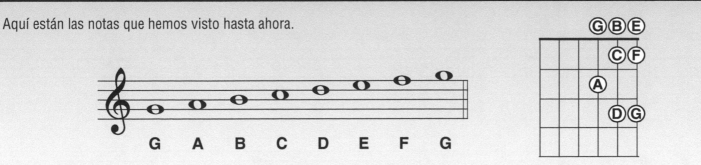

G   A   B   C   D   E   F   G

Ⓖ Ⓑ Ⓔ
Ⓒ Ⓕ
Ⓐ
Ⓓ Ⓖ

Toca esas notas varias veces de forma ascendente y descendente. Después toca las notas G grave y G agudo, y fíjate en lo parecido que son los dos sonidos. La distancia entre dos notas diferentes con el mismo nombre se denomina **octava**.

Las siguientes canciones utilizan notas de las cuerdas 1, 2 y 3.

ROCKIN' ROBIN

J. Thomas

YANKEE DOODLE

Tradicional

ROCK SURFERO

Un **dúo** es una canción que tiene dos partes que se pueden tocar juntas. Practica ambas partes del siguiente dúo. Pide a tu profesor o a un amigo que toque el contigo.

AU CLAIR DE LA LUNE

Francia

CONSEJO PARA LA PRÁCTICA

La práctica habitual resulta imprescindible. Practicar media hora cada día es mejor que practicar 2 horas cada 4 días. Encuentra una hora al día en la que practicar.

AURA LEE

Poulton/Fosdick

COMPÁS DE 3/4

Algunas músicas tienen 3 tiempos por compás en vez de 4. Esto viene indicado por el numerador del compás. El denominador (4) indica que una nota negra corresponde a un tiempo.

Un punto después de una nota (puntillo) aumenta su valor en medio tiempo. En un tiempo de $\frac{3}{4}$ una blanca con puntillo ($\downarrow.$) equivale a tres tiempos.

$\frac{3}{4}$ $\downarrow$ +   .   = $\downarrow.$

2 tiempos   1 tiempo   3 tiempos

TRES TIEMPOS POR COMPAS

UNA NEGRA ($\downarrow$) EQUIVALE A UN TIEMPO.

CUENTA: 1   2   3   1 - 2   3   1   2   3   1 - 2 - 3   1   2 - 3   1 - 2 - 3

HE'S A JOLLY GOOD FELLOW

Inglaterra

NOTAS EN LA CUARTA CUERDA

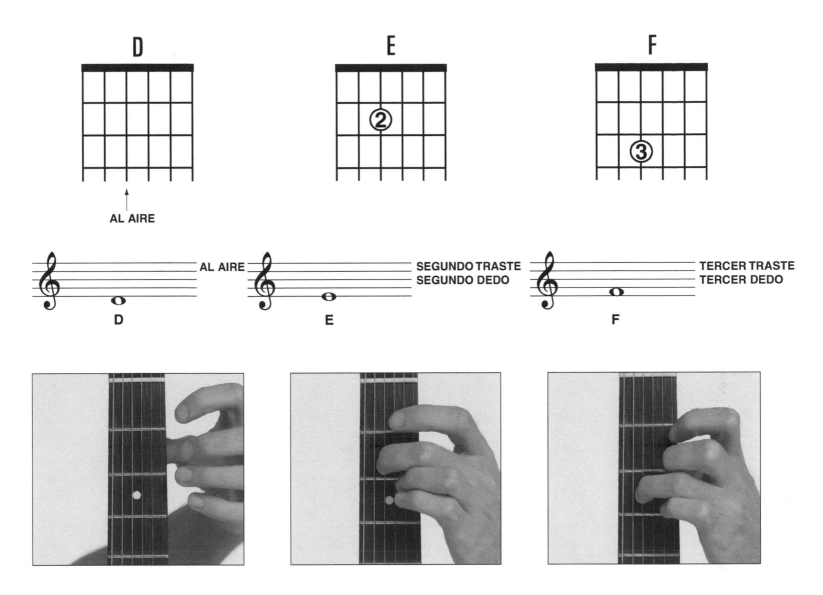

Practica cada ejercicio con atención. Recuerda mantener arqueados los dedos por encima de las cuerdas.

NOTAS A CONTRATIEMPO

La música no empieza siempre en el primer tiempo. Cuando se empieza después del primer tiempo, las notas que quedan para completar el compás se denominan **anacrusas**. Los siguientes son dos ejemplos de anacrusas. Cuenta los silencios en voz alta antes de empezar a tocar.

30 (1 2 3) 4   1 2 3 4   (1 2) 3 4   1 - 2 3 - 4

Cuando una canción empieza con anacrusas, al último compás le faltarán exactamente los tiempos que se han utilizado introducción.

WORRIED MAN BLUES
Tradicional

NOTA A CONTRATIEMPO

31

It takes a wor-ried man to sing a wor-ried song. It

CUENTA: 4 1

takes a wor-ried man to sing a wor-ried song. It

takes a wor-ried man to sing a wor-ried song. I'm wor-ried

now, yes now, but I won't be wor-ried long.

32

CUENTA: 3 4 1

1 - 2

16

TOCAR ACORDES

Un **acorde** se produce cuando se tocan más de dos notas o cuerdas a la vez. Para empezar tocaremos acordes en tres cuerdas utilizando sólo un dedo. No hagas caso a los números grises de las cuerdas 4, 5 y 6 hasta que puedas tocar fácilmente las versiones de los acordes de un solo dedo.

Estudia las ilustraciones de los acordes de arriba. Una "o" encima de una cuerda indica que la cuerda se debe tocar al aire (sin pulsarla con ningún dedo). Una "x" encima de una cuerda indica que la cuerda no debe ser rasgueada. Fíjate en la posición de las manos de las fotos de abajo para tener una referencia visual.

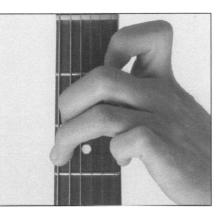

Presiona las cuerdas indicadas con las yemas de tus dedos. Arquea los dedos para evitar tocar las cuerdas que deben tocarse al aire. Rasguea las cuerdas con un movimiento descendente. Todas las cuerdas deberán sonar a la vez, no por separado.

Practica el siguiente ejercicio rasgueando una vez por cada marca diagonal. Mantén un ritmo uniforme y cambia rápidamente la posición de los dedos.

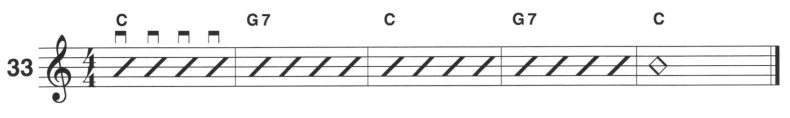

Ahora aplica este rasgueo a la siguiente canción.

TOM DOOLEY
Tradicional

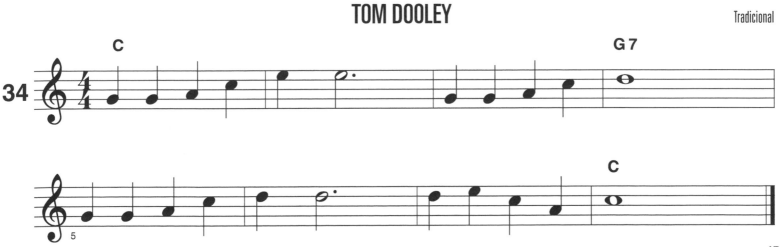

A continuación, vamos a tocar dos acordes más: G y D7. Fíjate que el acorde de G se puede tocar de dos maneras diferentes.

El Acorde de G

El Acorde de G
(digitación alternativa)

El Acorde de D7

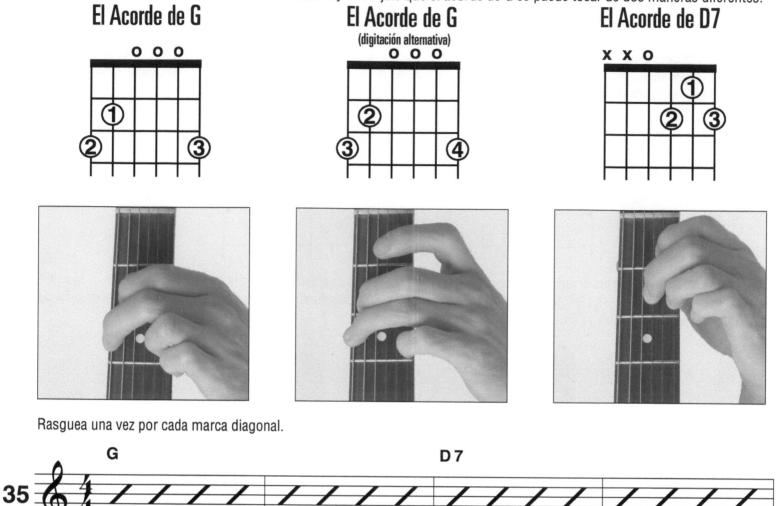

Rasguea una vez por cada marca diagonal.

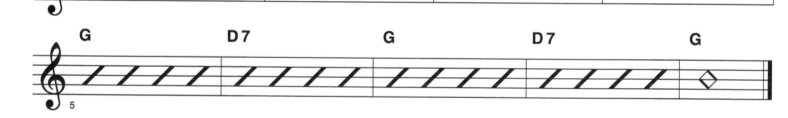

35

| G | | D7 | |

| G | D7 | G | D7 | G |

Revisa la digitación del acorde C y después practica el Ejercicio 36 hasta que puedas tocarlo correctamente. Cuando te muevas entre los acordes de C y D7 mantén el primer dedo sobre el diapasón.

36

| G | C | D7 | G |

PAY ME MY MONEY DOWN

Georgia Sea Islands

37

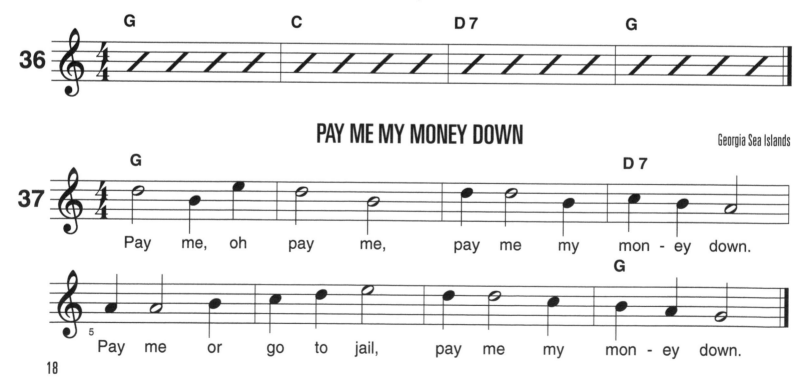

Pay me, oh pay me, pay me my mon - ey down.

Pay me or go to jail, pay me my mon - ey down.

Los siguientes ejercicios utilizan los cuatro acordes que hemos aprendido hasta ahora. Los acordes están ordenados en secuencias que se denominan **progresiones de acordes**.

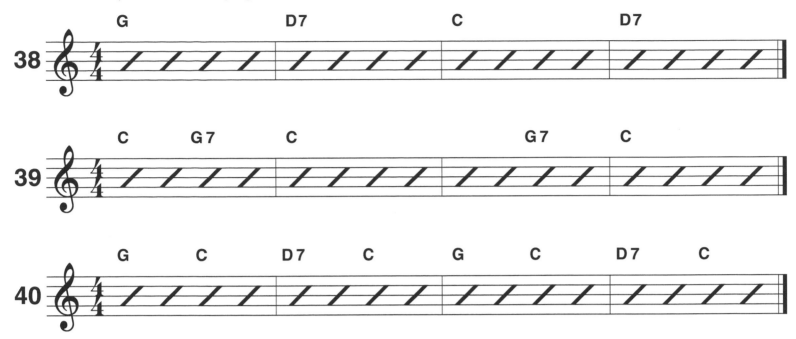

PASAR DE UNA ACORDE A OTRO

Mientras estás tocando un acorde, piensa en el siguiente y pon los dedos en posición. Después, cambia de acorde desplazando la mano lo menos posible.

Toca tú la melodía y deja que un amigo o tu profesor toque los acordes.

ROCK DE 12 COMPASES

También puedes tocar los acordes de G, C y D7 en "Worried Man Blues" de la página 16.

Una línea curva que une dos notas de la misma altura se denomina **ligado**. La primera nota se mantiene durante el valor de las dos. La segunda nota no se debe tocar. Mira el siguiente ejemplo de notas ligadas.

Practica tocando la melodía y los acordes de estas piezas.

AMAZING GRACE

Tradicional

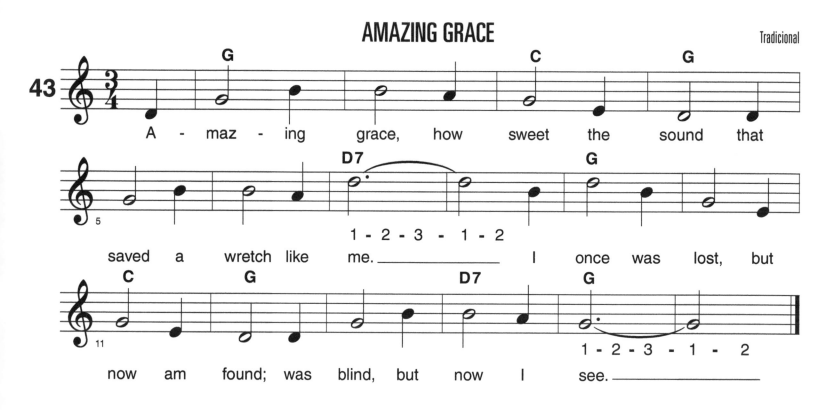

RIFFEANDO

WHEN THE SAINTS GO MARCHING IN

Tradicional

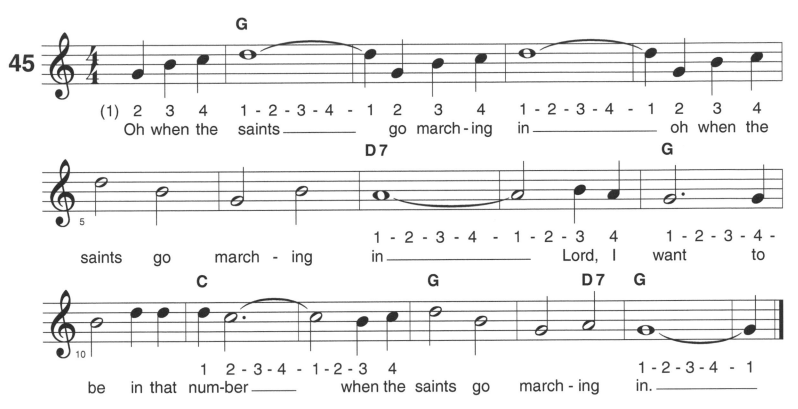

(1) 2 3 4 1 - 2 - 3 - 4 - 1 2 3 4 1 - 2 - 3 - 4 - 1 2 3 4
Oh when the saints go march - ing in oh when the

saints go march - ing in Lord, I want to
1 - 2 - 3 - 4 - 1 - 2 - 3 4 1 - 2 - 3 - 4 -

be in that num-ber when the saints go march - ing in.
1 2 - 3 - 4 - 1 - 2 - 3 4 1 - 2 - 3 - 4 - 1

WILL THE CIRCLE BE UNBROKEN

Gospel Country

Will the cir - cle be un - bro - ken, by and

by, Lord, by and by? There's a

bet - ter home a - wait - ing, in the

sky, Lord, in the sky.

NOTAS EN LA QUINTA CUERDA

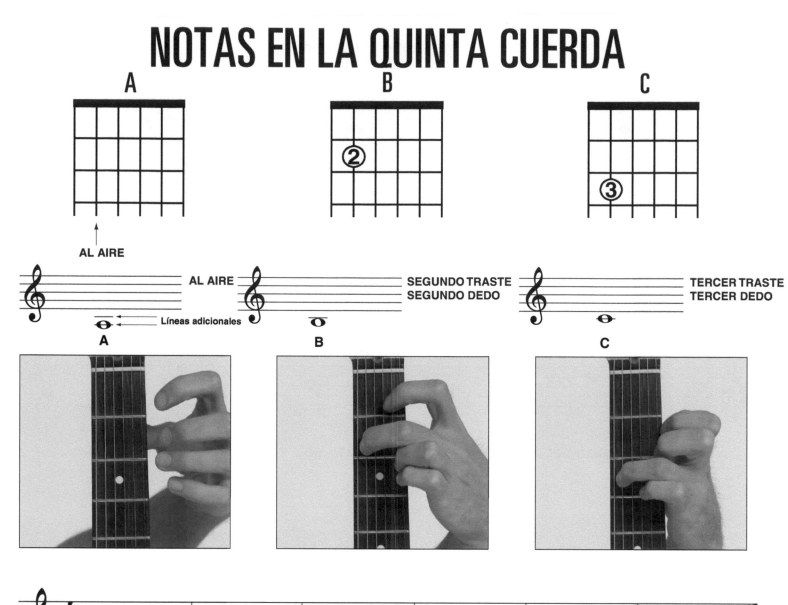

A

AL AIRE

B
②

C
③

AL AIRE · Líneas adicionales

SEGUNDO TRASTE
SEGUNDO DEDO

TERCER TRASTE
TERCER DEDO

A · B · C

47

Mantén pulsado el segundo dedo _ _ _ _ _ _ _ _ _ _ _ _ _ _ _ _ _ _ _ ⌐

BAJO DE BLUES

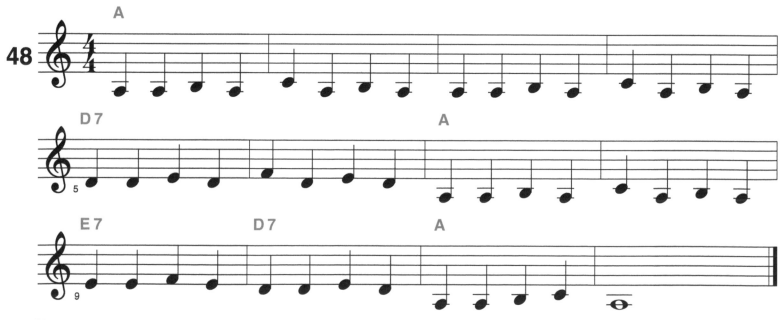

48 A

D 7 · A

E 7 · D 7 · A

Practica estas conocidas melodías hasta que te sientas cómodo tocándolas. Recuerda ir leyendo por delante mientras tocas para así poder prepararte para las siguientes notas.

JOSHUA FOUGHT THE BATTLE OF JERICHO

Espiritual

GREENSLEEVES

Inglaterra

NOTAS EN LA SEXTA CUERDA

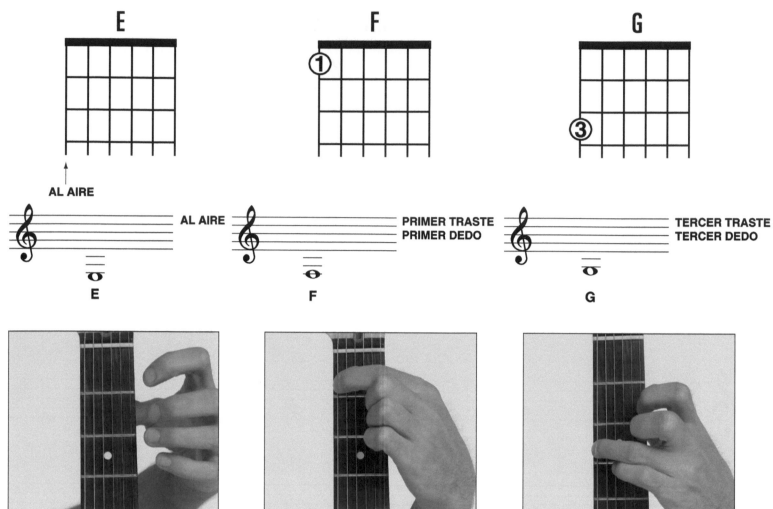

Después de tocar estos ejercicios, escribe el nombre de cada nota debajo de éstas.

DOO-WOP

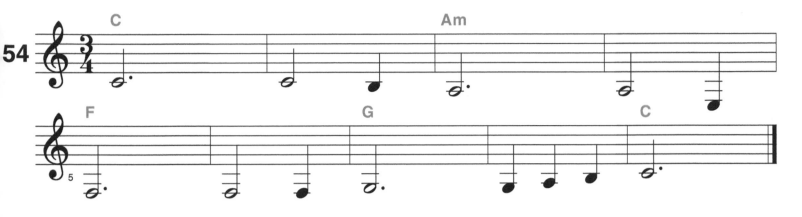

GIVE MY REGARDS TO BROADWAY

George M. Cohan

BAJO DE ROCK

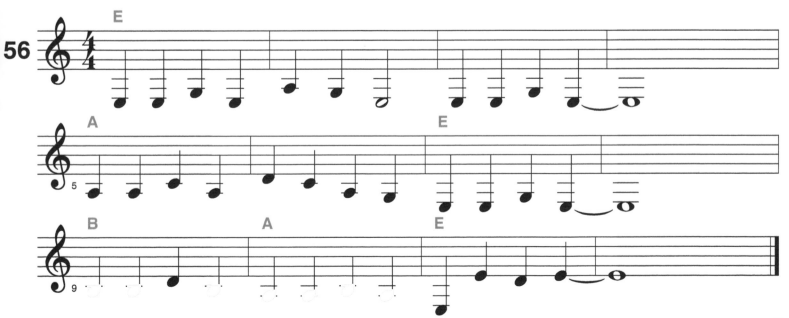

TONOS Y SEMITONOS

La distancia entre las notas musicales se mide en tonos y semitonos. En la guitarra, la distancia entre un traste y el siguiente es un semitono. La distancia de un traste al tercero en cualquier dirección se llama tono.

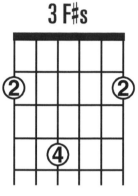

F SOSTENIDO (F#)

Cuando se coloca un **sostenido** (#) delante de una nota, la nota se incrementa en un semitono y se toca un traste más arriba. Un sostenido situado antes de la nota afecta a todas las notas que estén en la misma línea o espacio del compás. Aquí tenemos 3 F# que aparecen representados en el diapasón de la derecha.

3 F#s

PRIMERA CUERDA SEGUNDO TRASTE   **CUARTA CUERDA CUARTO TRASTE**   **SEXTA CUERDA SEGUNDO TRASTE**

Practica cada uno de estos ejercicios muchas veces.

DANNY BOY (LONDONDERRY AIR)

Irlanda

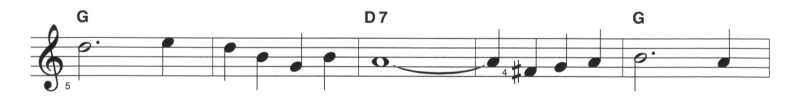

26

TONALIDAD

En vez de poner un sostenido antes de cada F en una canción, se coloca un sostenido al principio de la línea. Denominamos a esto tonalidad e indica que todos los F de la canción se deben tocar en F#. En "Shenandoah" tendrás una flecha encima de cada F# para recordar que toques F#.

SHENANDOAH

Barraca de mar

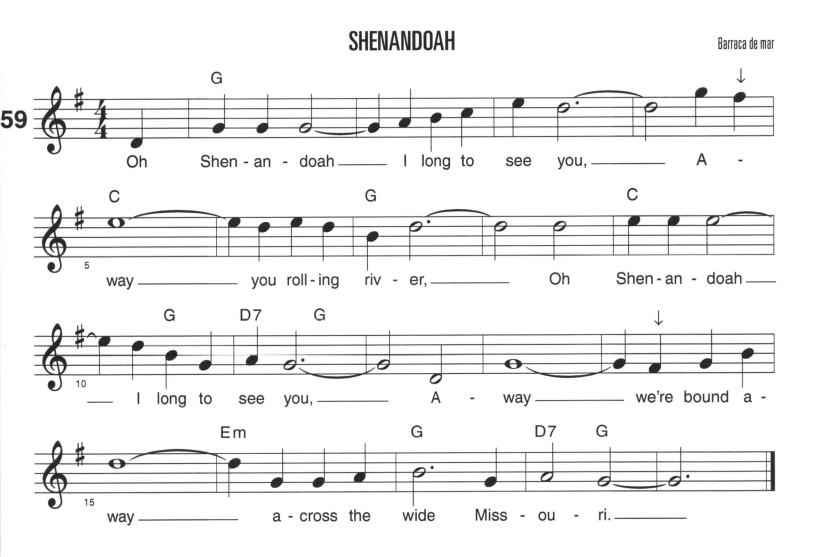

Oh Shen - an - doah ___ I long to see you, ___ A -
way ___ you roll-ing riv - er, ___ Oh Shen - an - doah ___
___ I long to see you, ___ A - way ___ we're bound a -
way ___ a - cross the wide Miss - ou - ri. ___

RIFF DEL ESPÍA

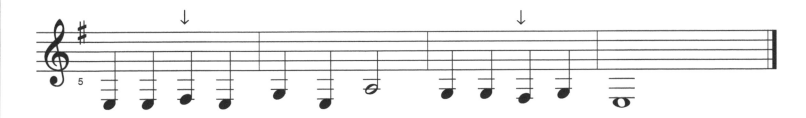

27

SILENCIOS

Las **silencios** en música son los momentos en los que no suena nada. Cada figura tiene su silencio que tiene su mismo nombre y duración.

Redonda	Blanca	Negra
4 tiempos	2 tiempos	1 tiempo

Un silencio generalmente necesita que pares el sonido de las cuerdas de la guitarra con la mano derecha, como se muestra en la foto. A este procedimiento se le denomina **apagar las cuerdas**. Utiliza el borde de la palma de la mano para tocar las cuerdas, e intenta evitar los movimientos innecesarios.

Mientras tocas los siguientes ejercicios que contienen figuras y silencios, cuenta en voz alta usando números para las notas y la palabra "silencio" para cada tiempo de silencio.

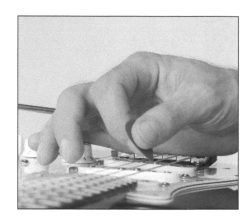

61

CUENTA: 1 2 3 Silencio 1 Silencio 3 Silencio Silencio 2 3 4 1 - 2 Silencio Silencio

La letra **"R"** se usa en lugar de "Silencio".

62

1 2 R R R 2 3 4 R R R R 1 R 3 4 1 - 2 - 3 R

AZUL OSCURO

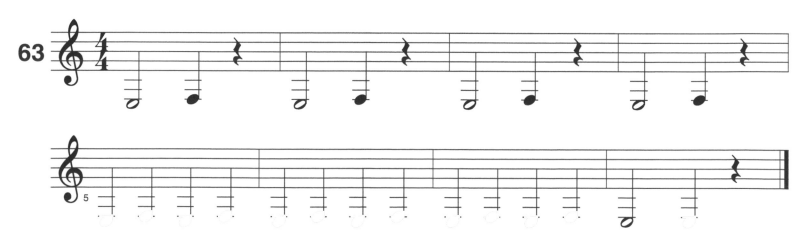

63

RED RIVER VALLEY

Canción de vaqueros

64

G C

Come and sit by my side if you love me.

G .... D 7

Do not has - ten to bid me a - dieu.

G .... G 7 C

But re - mem - ber the Red Riv - er Val - ley,

D 7 .... G

and the cow - boy who loved you so true. _____

TWANG

65

En la signatura de $\frac{3}{4}$ un compás de silencio (3 tiempos) se escribe con un silencio de redonda (▬).

ROCK Y SILENCIO

66

CORCHEAS

Una **corchea** tiene la mitad de duración que una negra y recibe medio tiempo en un compás de $\frac{4}{4}$ ó $\frac{3}{4}$.

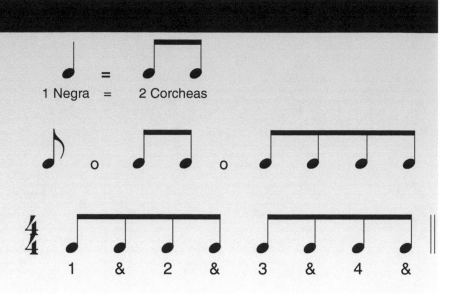

Las corcheas se escriben con un corchete. Varias corcheas consecutivas se unen con una barra.

Para medir las corcheas divide el tiempo en dos, y utiliza una "y" entre un tiempo y otro. Cuenta en voz alta el compás de la derecha mientras que mides el tiempo dando suaves golpes con el pie en el suelo.

Las corcheas se tocan con un **ataque descendente** (púa) (▬) de púa sobre el tiempo y una pulsación **ataque ascendente** (contrapúa) (∨) sobre las "y". A esta técnica se la denomina **técnica de púa alternada**.

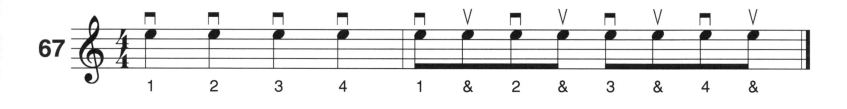

Toca los siguientes ejercicios usando la técnica de púa alternada para todas las corcheas y ataques en púa para las negras. Practica uniforme y lentamente al principio, después ve aumentando gradualmente la velocidad.

30

Una doble barra con dos puntos es un **signo de repetición**, y te indica que toques la música una segunda vez.

Prueba a tocar otra vez "Encantador de Serpientes", esta vez en las cuerdas más agudas. Empezando en una octava más alta con la nota A en el segundo traste de la tercera cuerda, guíate por el oído.

THE STAR-SPANGLED BANNER

Key/Smith

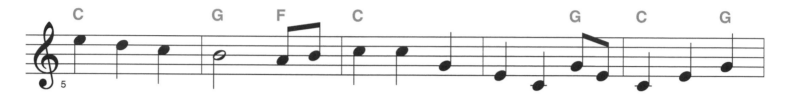

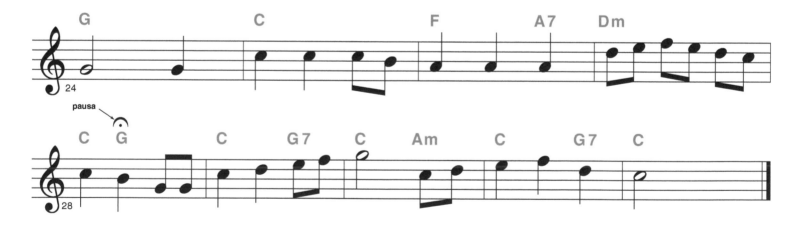

MÁS RASGUEADOS

El patrón de púa alternada que has utilizado para tocar con corcheas, también se puede utilizar para rasguear acordes. Mientras practicas los siguientes ejercicios, mantén la muñeca relajada y flexible. El movimiento abajo-arriba será mucho más rápido si utilizas sólo la muñeca y no el brazo entero. Este movimiento es parecido a sacudirse agua de las manos.

MOVIMIENTO DE RASGUEADO ALTERNATIVO BÁSICO

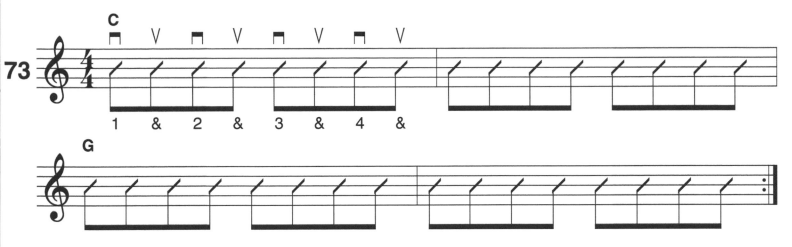

VARIANTES DE RASGUEADO

Una variante del rasgueado alternado, es eludir el ataque en contrapúa en el primer compás sobre el tiempo "y". Acuérdate de mantener el movimiento alternado en el primer tiempo aunque no toques la cuerdas.

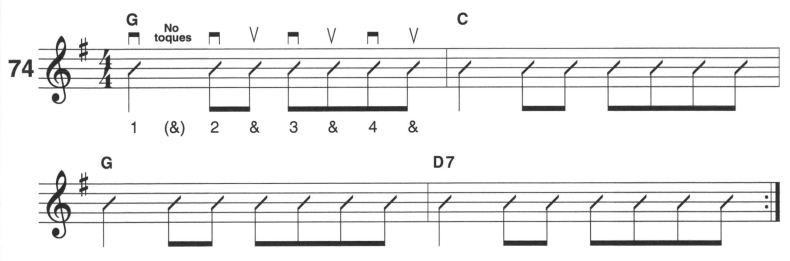

Esta variante elude dos ataques de púa. Continúa el movimiento pero no toques las cuerdas en el "y" del primer y tercer tiempo.

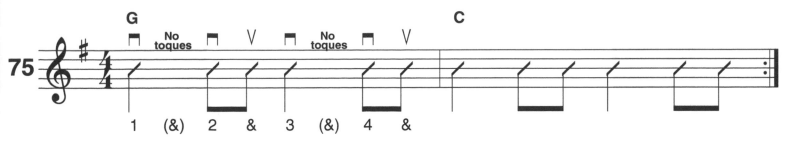

EL ACORDE DE Em

Em

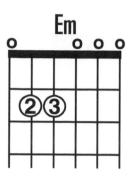

El acorde de Em es uno de los más fáciles de la guitarra. Arquea tus dedos y toca con las yemas para evitar rozar las otras cuerdas al aire.

76

HEY, HO, NOBODY HOME

Inglaterra

77

Hey, ho, no - bod - y home. Meat, nor drink, nor

mon - ey have I none, yet will I be mer - ry. (ry.)

SHALOM CHAVERIM

(Paz, mi amigo)

Israel

78

Sha - lom, cha - ve - rim! Sha - lom, cha - ve - rim! Sha - lom, sha -

lom! Le - hit - ra - ot, le - hit - ra - ot. Sha - lom, sha - lom.

PARES DE ACORDES

Cuando cambias de acorde, si uno o más dedos digitan la misma nota, déjalos presionados durante el cambio. En la siguiente progresión hay una nota/dedo común entre los acordes de G y Em y otro entre los acordes de C y D7.

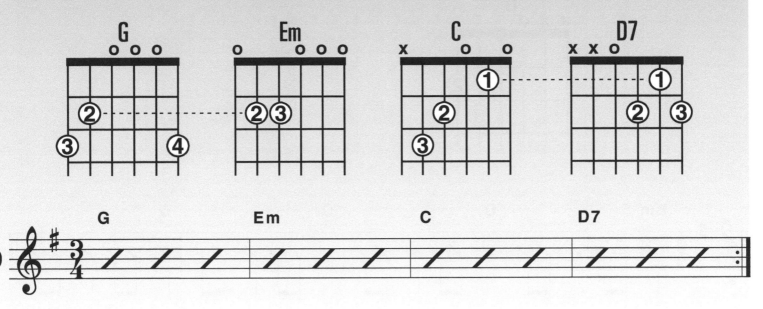

Practica la siguiente progresión de acordes hasta que puedas tocarlos correctamente y sin ningún titubeo entre los cambios. Trata de cambiar la digitación del nuevo acorde como un bloque, no dejes que vayan colocándose de uno en uno.

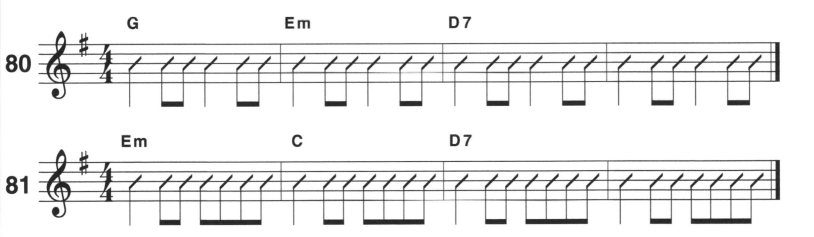

Puedes variar el rasgueado alternando la nota del bajo (normalmente la nota más grave del acorde del mismo nombre) y el resto del acorde. Este estilo de acompañamiento se denomina **"marcar el bajo"** o "boom chick".

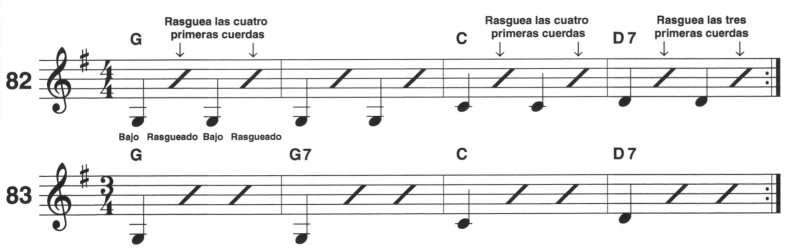

EL ACORDE DE D

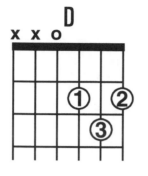

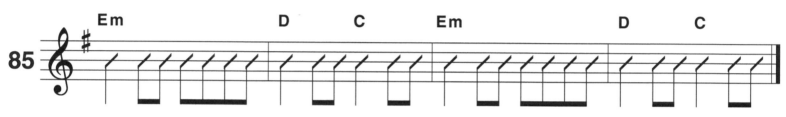

THIS TRAIN

Afro-Americana

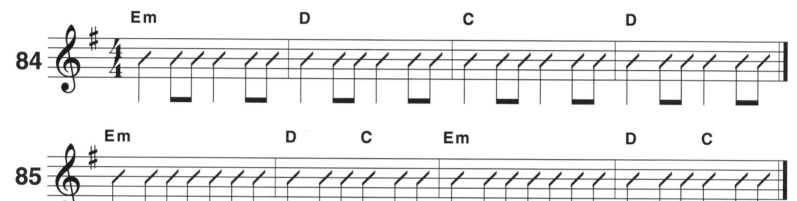

This train is bound for glo - ry, this train.____

This train is bound for glo - ry, this train.____

This train is bound for glo-ry, if you want to ride it you must be ho - ly.

This train is bound for glo - ry, this train.____

BAJO DE BOOGIE

El siguiente ejemplo usa una variación del rasgueado "marcando el bajo". En esta ocasión, toca la nota grave y después rasguea el resto del acordes dos veces.

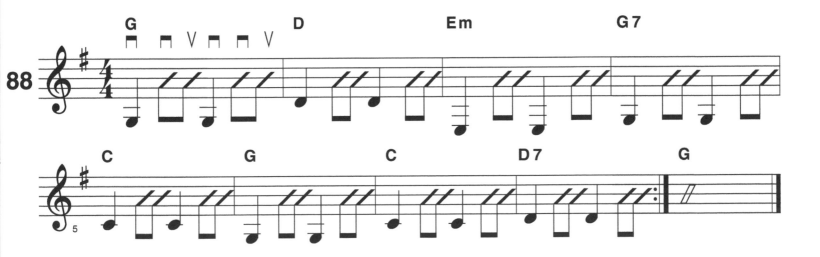

Practicas estos rasgueados antes de tocar "Simple Gifts".

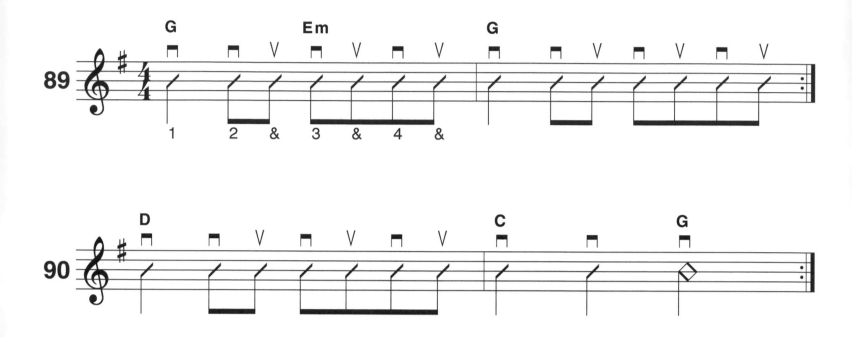

En "Simple Gifts" puedes tocar la melodía (Parte 1), la armónica (Parte 2) o los acordes de acompañamiento.

SIMPLE GIFTS

Canción Shaker

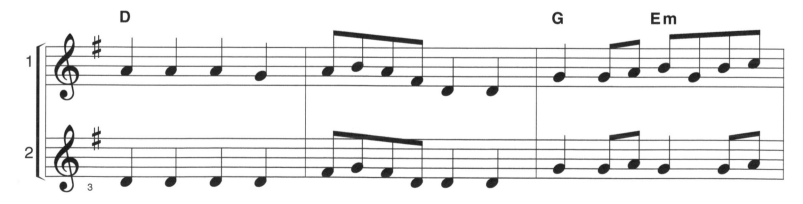

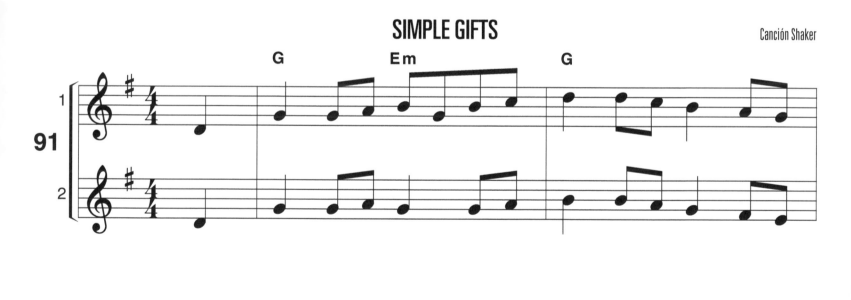

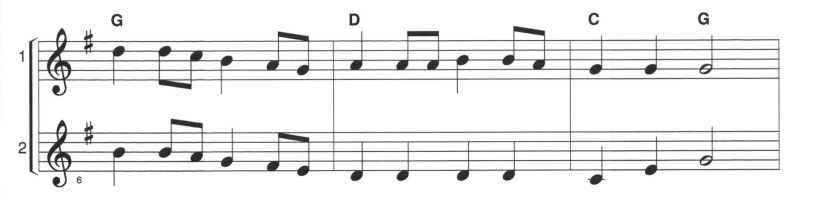

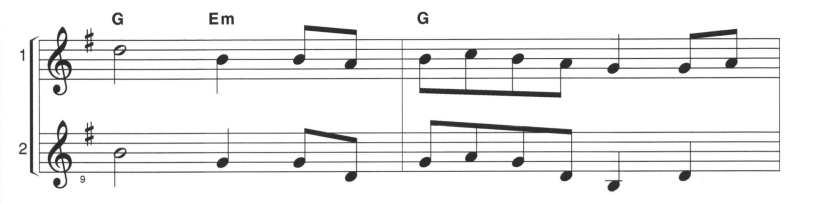

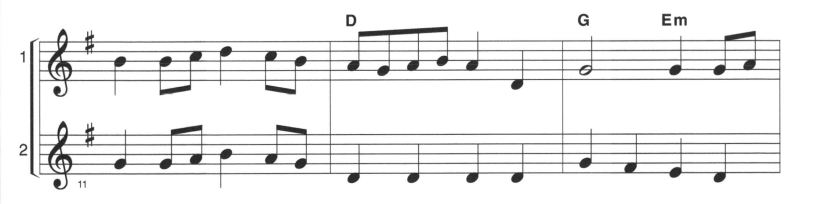

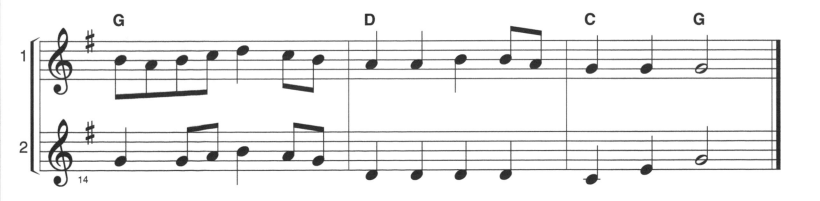

C SOSTENIDO (C#)

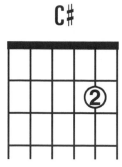

SEGUNDA CUERDA
SEGUNDO TRASTE
SEGUNDO DEDO

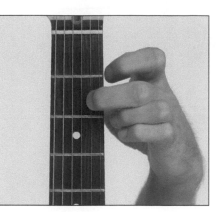

92

93

BLUES ROQUERO

94

EL ACORDE DE A7

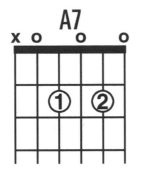

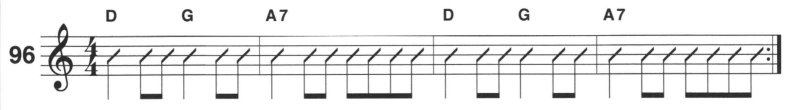

DOWN IN THE VALLEY

Tradicional

Down in the val - ley, val - ley so
Hear the wind blow, dear, hear the wind

low, _____ } hang your head o -
blow, _____

ver, hear the wind blow. _____

MINUETO EN G

J.S. BACH

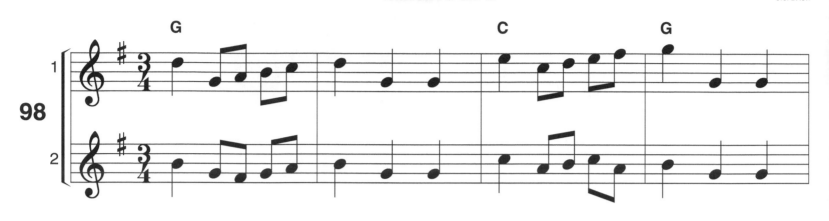

98

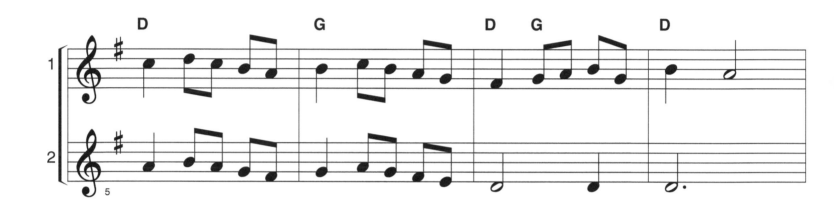

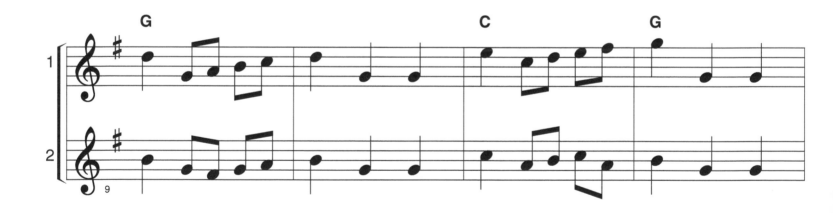

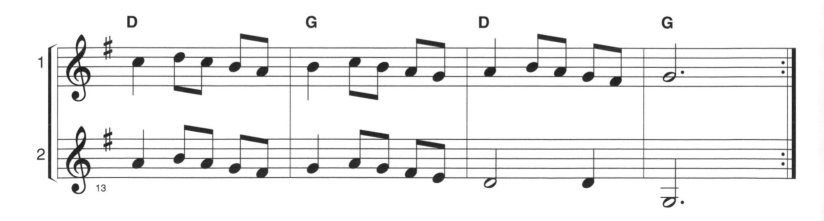

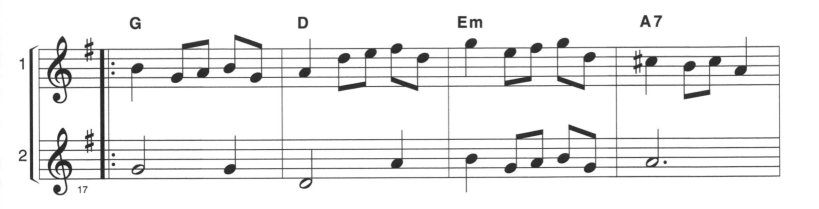

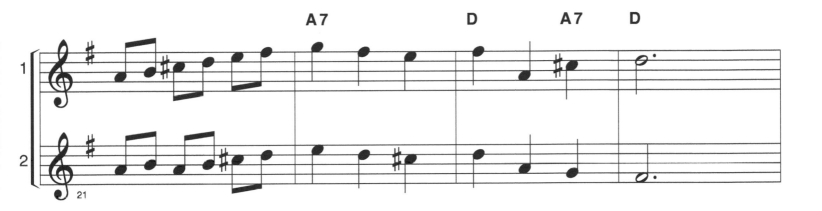

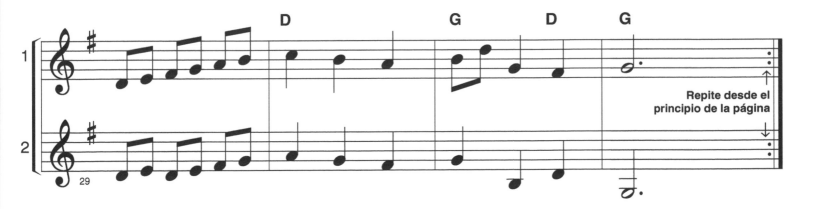

Repite desde el
principio de la página

TIME IS ON MY SIDE

Jerry Ragovoy

Time _____ is on my

side. _____ Yes it is.

Time _____ is on my

side. _____ Yes it is.

{ Now you al - ways say _____
You're search - in' for good times.

that you wan - na be free. }
But just wait and see.

You come run - nin' back.

You   come   run - nin' back.

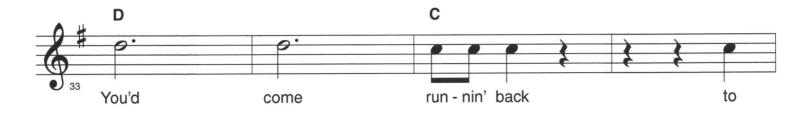

You'd   come   run - nin' back   to

me. _____

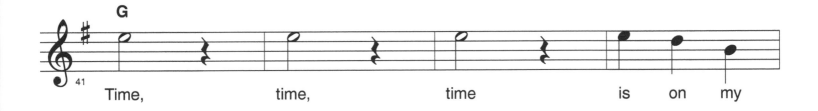

Time,   time,   time   is on my

side. _____ Yes it is.

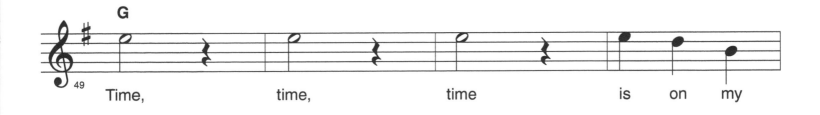

Time,   time,   time   is on my

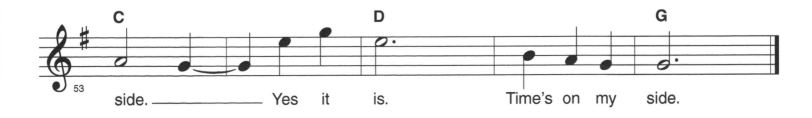

side. _____ Yes it is.   Time's on my side.

GRAN FINAL

LISTA DE ACORDES

En esta lista encontrarás los acordes que has aprendido en este libro junto a otros diseños muy utilizados en la música que tocas.

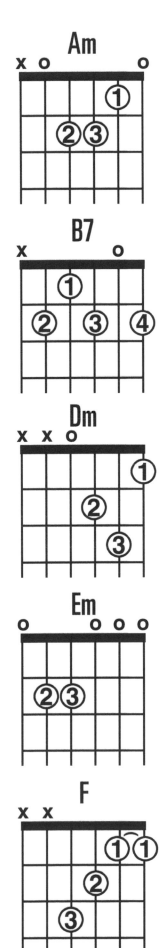

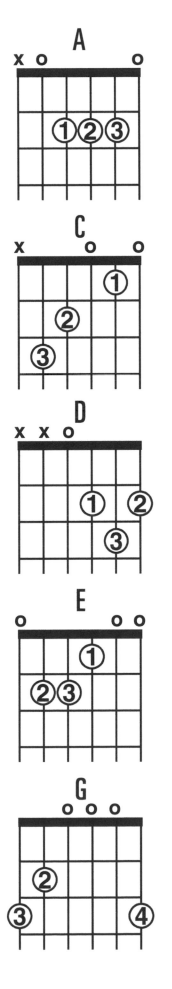

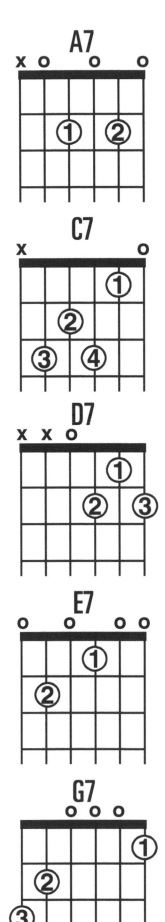